마음의 힘을 키워주는 55가지 이야기

귀 기울여 들어 보니 큰스님 말씀

말씀 대행 큰스님
풀이 마음꽃을 피우는 사람들
그림 김가을

| 여는 글 |

'내 마음의 뿌리' 이야기를
꼭 들려주고 싶으셨대

친구들, 안녕!

친구들은 하루하루 어떤 마음으로 지내?
우리가 생활을 하다 보면 하루에도 여러 가지 일들이 생겨나잖아.
물론 즐겁고 기쁠 때도 있지만 기분이 좋지 않은 때도 있을 거야.
때로는 좋은 일은 잠깐이고
힘들고 싫은 일이 더 많은 것처럼 느껴지기도 해.

그런데 말야,
좋을 때도 있고 싫을 때도 있는 이 마음이란 게 뭘까?
내 생각을 내 마음이라고 하는 걸까?
내 기분을 내 마음이라 하는 걸까?
내 기분이 내 마음대로 안 되는 걸 보면
아닌 것 같기도 하고….

귀 기울여
　　들어 보니
　　　　큰스님 말씀

말씀 대행 큰스님
대행 큰스님은 1927년 서울에서 태어나 일제 강점기와 6·25 전쟁을 거치면서 오랫동안 산중에서 수행했습니다. 그러면서 사람들이 자신의 문제를 스스로 해결할 수 있도록 마음 도리를 가르쳐야겠다는 생각을 하게 되었습니다. 스님은 안양에 한마음선원을 세운 뒤 40여 년 넘게 사람들에게 불법의 진리를 가르쳐 주셨고, 2012년 돌아가셨습니다. 스님의 책으로는 《삶은 고가 아니다》, 《대행 스님의 뜻으로 푼 금강경》, 《허공을 걷는 길》, 《다만 그윽한 마음을 내라》 등이 있습니다.

풀이 마음꽃을 피우는 사람들
어린이 잡지 〈마음꽃〉을 만드는 사람들의 모임입니다. 〈마음꽃〉은 부모와 교사, 그림작가, 어린이 담당 스님 등 여럿이 모여 함께 만드는 월간지입니다. 세상 모든 어린이들 마음에 꽃이 활짝 피어나기를 소망하며 달마다 한 송이씩 〈마음꽃〉을 피워가고 있습니다. 이 책은 〈마음꽃〉 창간호부터 5년 여간 연재된 칼럼을 모아 엮은 책입니다. 지은 책으로는 《진짜 어린이 마음사전》 《어린이 생각 연구소》 《마음에도 근육이 필요해》가 있습니다.

그림 김가을
아동가족학과 졸업 후 어린이들과 즐겁게 놀고, 글 쓰고 그림 그리며 지내고 있습니다. 2012년부터 〈마음꽃〉에 그림을 그렸으며, 편집위원으로 활동했습니다. 2015년 국제신문 신춘문예에서 동화 〈날꿈이의 꿈날개〉로 당선하였고, 2018년 한마음불교동화 공모전에서 그림책 《하트는 어려워》로 수상했습니다. 어린이들에게 재미 있고 따뜻한 이야기를 선물해 주는 것이 행복이자 꿈입니다.

귀 기울여 들어 보니 큰스님 말씀
– 마음의 힘을 키워주는 55가지 이야기

말씀 대행 큰스님 **풀이** 마음꽃을 피우는 사람들 **다듬기** 정혜영 **그림** 김가을 **표지그림** 김효진
펴낸이 강이경 **펴낸곳** 고래이야기 **제조국** 대한민국
제조년월 2021년 12월 **초판1쇄 발행** 2021년 12월 10일 **초판2쇄 발행** 2021년 12월 30일
주소 경기도 양평군 용문면 용문산로 340-20 1층 **등록** 제2016-000005호(2006년 8월 29일)
전화 031) 771-7863 **팩스** 031) 771-7865 **이메일** whalestory3@naver.com
블로그 blog.naver.com/whalestory3 **페이스북** www.facebook.com/whalestory1
ISBN 978-89-91941-88-5 73220

⚠ 주의! 책의 모서리나 책장에 다치지 않도록 주의하세요. | 사용연령 36개월 이상

● 잘못된 책은 구입하신 서점에서 바꾸어 드립니다.   ● 책값은 뒤표지에 있습니다.

이 책은 저작권법의 보호를 받고 있습니다. 전체 또는 부분을 사용하려면 반드시 저작권자의 동의를 받아야 합니다.

친구들, 이랬다저랬다 하는 내 마음을
어떻게 해야 하는지 몰라서 많이 힘들지?

그럴 때는 '마음굴리기'를 해 보는 거야.
어떻게 해야 마음을 원하는 대로 조절할 수 있는지
조금씩 알게 될 거야.

우리 마음은 아주아주 소중한 것이어서
대행 큰스님은 친구들에게
'내 마음의 뿌리' 이야기를 꼭 들려주고 싶으셨대.
지금부터 스님이 하신 말씀을 전해 줄게.

귀를 기울여 줄래?

| 푸는 글 |

'큰스님'은 어떤 분일까요?

이천오백여 년 전, 석가모니 부처님께서는
모든 사람에게 부처가 될 수 있는 씨앗,
즉 불성佛性이 있다고 가르쳐주셨어요.
그런데 아직도 많은 사람들은
자기에게 불성이 있다는 걸 잘 모르거나
알아도 그걸 믿지 못해서 불안해하며 살고 있어요.
내 재산이 없어지면 어떡하나, 병에 걸리면 어떡하나,
시험에 떨어지면 어떡하나….
그러고 보면 세상에는 온통 불안한 일투성이거든요.

이 책에서 말씀을 들려주시는 '큰스님'은
한마음선원을 세우신 대행 큰스님이에요.
큰스님은 사람들이 각자 자신이 가지고 있는 불성을 믿지 못하고
괴로워하며 살아가는 모습을 보고 항상 안타까워하셨어요.
그래서 늘 이렇게 말씀해 주셨지요.
우리에게는 기뻐하고 슬퍼하는 그런 마음만 있는 것이 아니라
그런 마음이 나오게 한 '진짜 마음'이 있다고 말이에요.

그리고 자기의 진짜 마음을 '주인공'이라고 이름 붙이셨어요.
'참마음'이라고도 하고 '자기 뿌리'라고도 하고
'마음속 보배'라고 부르기도 하셨지요.

스님은 우리 어린이들이 어릴 때부터 자기 뿌리가 있음을 알고
그 뿌리에 의지해서 지혜롭고 용감하게 살아가길 바라셨어요.
그러려면 자기 마음을 다스릴 줄 알아야 하는데,
그게 바로 마음공부예요.
스님은 모두에게 멋진 마음공부를 알려주기 위해
평생을 바치셨답니다.

스님은 돌아가셨지만 지금도 많은 제자들이
스님의 가르침을 따라 공부하고 있답니다.

| 추천의 글 |

부모님과 함께 읽어요

〈마음꽃〉이라는 이름을 들어보신 적이 있나요?
〈마음꽃〉은 한마음선원에서 매달 펴내는 어린이 잡지랍니다.
아이들이 자기 마음의 그릇을 키워 가는 데 도움이 되는
다양하고 재미난 이야기들이 실려 있어요.

《귀 기울여 들어 보니 큰스님 말씀》은
〈마음꽃〉에 연재된 대행 큰스님 말씀과
풀이 글을 모아 엮은 책입니다.
이 책에 실린 55가지 주제들은 모두
나의 뿌리인 내 참마음에 대해 이야기하고 있어요.
마지막 장에서는 아이들의 고민에 대해 다루고 있지만,
결국 '내 마음의 뿌리를 믿으라'는 맥락으로 이어져 있지요.

아이들이 커 나가면서 겪게 되는 모든 것을

부모님이 대신해 줄 수는 없습니다. 그래서도 안되고요.

저마다 처음 마주하는 세상에서

아이들 스스로 자기 자신을 믿고

굳건한 마음으로 지혜롭게 걸어갈 수 있도록 도와주는 것이

어른들의 몫이겠지요.

우리 아이들이 자기 마음을 다스릴 줄 알고

다른 사람들과 조화롭게 지내면서

동물 식물과도 공생하며

모두 함께 잘 살아가기를 바라는 마음에서

이 책을 펴내게 되었답니다.

아이들을 위한 마음공부 이야기지만

부모님과 함께 읽으면 더 좋을 책이지요.

이 책을 펴내는 저희도, 이 책을 읽는 부모님들도

우리 아이들과 함께 마음 뿌리가 더 튼튼해지고

따뜻한 마음을 가지게 되길 바라며 두손 모읍니다.

- 한마음선원 주지 혜솔 합장

차 례

여는 글 '내 마음의 뿌리' 이야기를 꼭 들려주고 싶으셨대
푸는 글 '큰스님'은 어떤 분일까?
추천의 글 부모님과 함께 읽어요

둥글둥글 마음을 굴려 봐

우리도 부처님같이	16
소원이 있다면	18
컴퓨터에 입력이 되듯이	20
내 생각이 나를 만들어요	22
마음의 능력을 어떻게 쓸까	24
흙탕물을 맑은 물로 바꾸는 방법	26
그런 마음들 덕분에	28
감사해야 감사할 일이 생긴다	30
감사해야 하는 이유	32
마음으로 도울 수 있어	34
내가 저지른 건 내가 돌려받아요	36
나도 좋고 남도 좋은 일	38
모두가 귀합니다	40
내 마음은 무슨 계절일까?	42

내 마음속 금덩어리가 반짝

내가 바로 주인공이야!	46
내 마음을 빛나게 하려면	48
마음의 자가 발전소	50
운전은 운전수에게 맡겨	52
멋진 항해를 하고 싶다면	54
어떤 마음이라도	56
뿌리가 먼저란다	58
마음의 촛불	60
우리의 별성이 등불이 되어	62
나무가 중심이 딱 서면	64
별이 빛나는 밤에	66

마음에도 연습이 필요해

부모님은 1	70
부모님은 2	72
따뜻한 말 한마디	74
친구를 잘 사귀는 비법	76
마음의 스위치를 눌러요	78
지혜가 자라느라 생기는 일	80
은혜를 생각하는 날	82
거짓말을 해도 될까?	84
마음이 전화기라면	86
남의 마음을 알아주는 사람	88
이런 마음이 필요해	90
나도 그런 적이 있었지	92
속상한 건 주인공에 맡기고	94
행복한 사람	96
선하게 행동하지 않는다면	98
세 번째 선택지가 생겼어	100
위대한 사람	102

마음의 힘 만들기

공부를 꼭 해야 하나요?	106
질투는 나의 힘?	108
솔직하지 못해서 고민이에요	110
동생을 자꾸 때려요	112
엄마 잔소리가 너무 지겨워요	114
승부욕이 강한 친구가 있어요	116
욕하는 친구가 싫어요	118
핸드폰을 갖고 싶어요	120
갖고 싶은 게 너무 많아요	122
학원을 옮겨야 할까요?	124
수학이 정말 싫어요	126
부반장이 되니 부담이 돼요	128
중학생이 되는 게 두려워요	130

둥글둥글
마음을 굴려 봐

#인도의왕자 #참마음 #부처의씨앗

#한생각 #마음컴퓨터

#이불킥 #도깨비감투 #굴리기 #맡기기

우리도 부처님같이

> 부처님을 우러러볼 줄만 알았지
> 자기 부처 귀한 줄을 모른다면
> 그런 사람들은 부처님 뜻과
> 반대로 가는 사람들입니다.
> 우리가 모두
> 본래로 부처라는 것을
> 기쁜 마음으로 믿으세요.

석가모니 부처님은 2,500여 년 전에 인도의 작은 왕국에서 태어나셨어.
왕자로 태어나 풍족한 생활을 누리며 살 수도 있었는데,
왜 부처님은 왕궁을 나와 고생스러운 수행 길에 접어드셨을까?

부처님은 '나는 누구인지, 어디서 왔으며 어디로 가는지'
'왜 모든 생명체는 태어나고 늙고 병들고 죽어야 하는지'
그게 너무 궁금해서 답을 찾아 떠났어.
왕이 되는 것보다 그 의문을 해결하는 게 더 중요하셨던 거지.
부처님은 목숨을 걸고 열심히 수행을 했고
마침내는 큰 깨달음을 얻으셨어. 무엇을 깨달으셨느냐!
세상 모든 생명은 누구나 부처가 될 수 있는 참마음을 갖추고 있다는 것!
그래서 모두가 귀하고 평등하며
서로 연결되어 있다는 것을 우리에게 가르쳐주셨어.
하다못해 작은 벌레 하나까지도 말이야.

그래서 부처님은 정말 위대한 스승이신 거야.
그러니까 사람들이 절에 가서 부처님 앞에 절을 하는 것은
'나를 구원해 주소서.' 하고 비는 게 아니라
'나도 그렇게 깨우치겠습니다.' 하는 다짐과 감사를 표현하는 것이야.
불교는 누가 구원해 주는 것이 아니라
자기가 자기를 환하게 밝히는 진리란다.

소원이 있다면

> 부처님이
> 모든 걸 저절로 다 해 주는 것이 아니라
> 내 마음과 내 진실함, 내 부지런함
> 이런 것이 다 갖추어져야
> 내 가슴 속에 감응이 되면서
> '내 부처가 바로 내 속에 있구나.' 하고
> 진짜 알게 되는 것입니다.

친구들, 올해 새해 소원은 뭐였어?
공부 잘하게 되기를, 우리 가족이 건강하고 행복하기를,
친구가 많이 생기기를 바라는 그런 소원이었을까?

그런데 소원은 어떻게 하면 이루어지는 걸까?
혹시 '부처님께 기도하면 소원을 들어주시겠지!' 하고 생각한다면
그건 정말 잘못된 생각이야.
부처님은 진리를 깨달으면 누구나 부처가 될 수 있다고,
누구나 마음속에 부처가 될 수 있는 씨앗을 가지고 있다고 가르쳐주셨어.
그걸 부처님께서 가르쳐주지 않으셨다면
우리는 늘 약하디약한 존재로서 두려움에 벌벌 떨면서 살았을 거야.
그런 진리를 가르쳐주신 위대한 스승으로서
부처님을 존경하고 부처님의 가르침을 따르는 것이지
우리가 소원을 빌면 원하는 걸 가지게 해 주는 그런 대상이 아니라는 말이야.

그러니까 소원이 있다면 부처님을 향해 빌 것이 아니라
몸으로는 생활 속에서 부지런히 노력을 하고
마음으로는 진실하게 내 속에 부처가 될 씨앗이 있음을 믿는다면
모든 일이 자연스럽게 이루어지게 되는 거란다.
그게 바로 소원을 이루는 지름길이야.

컴퓨터에 입력이 되듯이

"전력이 들어오고 나가는 것을 못 보더라도
우리는 방에 불을 켤 수 있습니다.
그런 것처럼,
이 마음은 보이지 않지만
빛보다도 더 빠른 통신처입니다.
내가 어떻게 생각하느냐에 따라
자기 내면에 있는 컴퓨터에
자동적으로 입력이 된답니다."

스웨덴 건축가 안데르 빌헬손 이야기를 해 줄게.
이 사람은 아프리카 빈민가 재난 지역 소녀들이 밤에 공중화장실에 가다가
위험한 일을 겪거나 피해를 당하는 것을 보고 너무나 안타까운 생각이 들었대.
그래서 개발한 게 뭔지 알아? 바로 일회용 화장실이야.
그 화장실은 밤에 바깥으로 나가지 않고도 배변을 해결할 수 있고
자연 분해되어 거름으로도 쓸 수 있게 만들어졌어.
이 건축가는 자기 전공 분야와는 아주 다른 방향이었지만
빈민가 여성들이 두려움에서 벗어나게 하려면 어떻게 해야 할지 고민했고,
그런 마음은 결국 위생적인 환경을 만들어 질병까지 줄어들게 하는
놀라운 결과를 가져 왔어.
자기 이익과는 상관 없이 다른 사람을 위해 마음을 내고 애쓰다 보니
많은 이들에게 도움을 주게 된 거지.
참 멋진 일이지 않아?

우리는 나중에 어떤 사람이 되어 있을까?
내 마음에 좋은 생각을 많이 입력해 놓으면
이 다음에 틀림없이 좋은 것이 출력되어 나올 거야.
그게 빛보다 더 빠른 나의 마음 컴퓨터가 하는 일이기 때문이야.
그러니 이왕이면 좋은 생각을 많이 입력해 놓기 바라.

내 생각이 나를 만들어요

> "행복이란 자기가 만드는 것이지
> 누가 가져다 주는 게 아닙니다.
> 내가 슬픈 생각을 하면
> 슬프게 살고
> 옹졸한 생각을 하면
> 옹졸하게 살게 됩니다."

어떤 날은 내가 남들보다 잘났다는 생각이 들 때가 있고,
어떤 날은 내가 참 못났다는 생각이 들 때가 있을 거야.
그런데 잘났다는 것도 못났다는 것도
둘 다 진짜가 아니라고 생각해.
그때의 자기 생각이 그럴 뿐인 거지.
생각이란 건 자꾸 변하는 거거든.
그런데 그걸 모르고
자기가 정말 그렇다고 믿어버리는 친구도 있더라고.

얘들아!
이랬다저랬다 자꾸 달라지는 마음 말고
어떤 것에도 변하지 않는 '참마음'이 있다고 했던 거, 기억 나?
우리 마음속 아주 깊이 있어서 사람들은 그런 게 있다는 것도 잘 몰라.
내 '참마음'은 엄청난 에너지가 있는데
그 에너지는 내가 원하는 대로 쓸 수 있어.
내가 찌질한 생각을 자꾸 하면 나를 찌질한 사람으로 만들고,
자꾸 남을 무시하는 생각을 하면
다른 사람을 존중하지 않는 그런 무례한 사람으로 만들지.
이게 바로 '내 생각이 나를 만든다'는 말이란다.

마음의 능력을 어떻게 쓸까

" 여러분의 참마음은
불에 들어가도 타지 않고
물에 들어가도 빠지지 않으며,
변하지도 않습니다.
거기에서 힘과 밝음과 능력이
여러분이 생각하는 대로
발휘된다는 것을 잘 아셨으면 합니다. "

친구들은 고학년이 되면 기분이 어때?
이젠 나도 더 이상 어린애가 아니란 걸 알아줬으면 좋겠고
이만하면 다 큰 것 같기도 하고 그렇지?
그렇다고 해서 '이젠 내 멋대로 할 거야.'라고 생각한다거나
'나보다 약한 애들은 내게 찍소리도 못할 걸?' 하는 식으로
생각해서는 안 될 것 같아.
나이가 더 많고 힘이 더 센 사람이라면
나이 자랑 힘 자랑을 할 게 아니라
어리고 약한 동생들에게 따뜻하게 대해주는 것이
진짜 형이 할 노릇이기 때문이야.

마음이란 건 참 묘해서
'내가 이렇게 해야지.' 하고 생각을 하면
그 다음부터는 거기에 어울리는 행동과 말을 하게 되어 있어.
만약 내가 따뜻하게 말하고 따뜻하게 행동하려고 마음먹는다면
누구를 만나더라도 그렇게 행동하고 말할 수 있게 될 거야.
그러니까 이왕이면 내 마음의 능력을
좋게 잘 쓰려고 노력해 보자.
한 살 한 살 나이를 더 맛있게, 멋있게 먹게 될 거야.

흙탕물을 맑은 물로 바꾸는 방법

> 어떤 때는 우리에게 즐거움이 오지만
> 어떤 때는 어려움이 닥칩니다.
> 즐거운 일은 감사하게 생각하고,
> 어려운 일은
> '어렵지 않게 잘 이끌어가는 것도
> 내 참마음밖에 없어.'
> 하고 마음을 굴려 보세요.
> 그게 흙탕물을 맑은 물로
> 바꿔 쓰는 것이나 같습니다.

얘들아, 진흙탕 물을 맑은 물로 바꾸려면 어떻게 해야 할까?
그건 말이지, 흙탕물에 맑은 물을 계속 넣어 주면 돼. ^^
음, 너무 당연한 이야기 아니냐고?
너무나 당연한 이 이야기에는 이런 뜻이 담겨 있어.
어지럽고 불편한 감정으로 가득 차 있는 내 마음이
마치 흙탕물처럼 느껴진다면,
'이렇게 힘든 마음도 내 마음 속에서 나오는 거니까
내 참마음이 그렇지 않게도 할 수 있잖아.' 하고
내 마음속에다 자꾸 입력을 하는 것.
그게 편안하고 고요한 마음이 되게 하는 방법이라는 거지.

힘든 일이 닥쳤을 때도 마찬가지야.
'이건 즐거운 일이야' 하는 것도 내 마음속에서 나온 것이고
'이건 어려운 일이야' 하는 것도 내 마음속에서 나온 것이니까
좋고 즐거운 일은 '참 감사하구나.' 하고 생각해 주고
어렵고 힘든 일을 만났을 때는
'이 일이 잘 돌아가게 하는 것도 내 참마음은 할 수 있어.' 하고
다시 생각을 해 주라는 거야.
걱정만 하고 있는 것보다는 훨씬 낫지 않을까?
아주 쉬운 방법이니까, 친구들도 한번 해 보면 좋겠어.
이게 바로 마음굴리기란다.

그런 마음들 덕분에

> 손으로 붙잡을 수는 없지만
> 이렇게 말을 하고
> 이런저런 생각들을 하고
> 귀엽다고 하고
> 사랑한다고 하고
> 밉다고 하는 그 마음이 바로
> 부처를 이룰 수 있는 마음입니다.

어쩌다 한번씩 지나간 일들을 다시 떠올려 볼 때가 있어.
마음이 잘 맞는 친구가 생겼던 일이나
친한 친구하고 갑자기 어색하게 멀어졌던 일,
선생님한테 칭찬받고 싶어서 열심히 과제물을 해 갔다거나,
떨어진 낙엽이 너무 예뻐서 친구하고 한참 수다를 떨었다거나,
식구들한테 서운한 마음이 들어서 혼자 울었던 일 등등….
지금 생각해 보면 별일도 아니었는데 그땐 왜 그랬을까 싶고
이불을 발로 걷어 찰 정도로 창피한 일도 있었지.

사소하게 생겨났다 없어졌다 하는 마음들 모두 참 소중하다는
큰스님 말씀이 따뜻하게 느껴져.
안 좋은 마음, 좋은 마음을 따로 따로 나누지 않고
작고 미운 마음들조차도
'그런 마음들 덕분에 내가 더 자랄 수 있었구나.' 하고
다시 생각해 본다면 참 좋을 것 같아.
그렇게 하다 보면 마음의 키도 어느새 쑥 자라 있겠지?

감사해야 감사할 일이 생긴다

> 나는 어디를 지나가다
> 나무 하나, 돌 하나를 봐도
> '저런 생명들, 저런 모습들이 아니라면
> 내가 이 세상에 나와서 어떻게 배웠을까.'
> 하고 생각합니다.
> 모든 것에
> 항상 감사하게 생각하다 보면
> 모든 것에
> 저절로 겸손하게 됩니다.

큰스님께서 예전에 공부하러 산으로 다니다
길에 있는 나무 하나, 돌멩이 하나도 스승이라는 걸 깨닫고
항상 모든 것에 감사하는 마음을 가지게 되셨대.
친구들은 누군가가 "감사하게 생각해야 해."라고 말한다면
'감사할 일도 없는데 왜 감사하라는 거지?' 하는 생각이 들 때도 있을 거야.
눈에 보이는 이익이 내게 있을 때라야
감사한 마음이 드는 게 당연하니까.

그런데 감사할 일이 생길 때까지 기다리는 게 아니라
내가 먼저 어떤 일에 대해 감사한 점들을 떠올려 보면
오히려 감사할 일이 마구 생겨나게 된다는 거지.
나를 이루고 있는 팔 다리, 보고 듣게 해 주는 눈 귀, 그리고 코와 입….
맑은 공기, 하늘거리는 꽃잎, 인사를 하며 지나가는 친구, 부모님의 수고….
'이 모든 것이 있어서 정말 감사하구나.'라고 한번 생각해 봐.
그렇게 하다 보면 친구들에게 감사하고 기쁜 일들이
실제로도 많이 생기는 걸 경험할 수 있을 거야.

감사해야 하는 이유

> 밥 한 그릇을 앞에 놓고
> '감사합니다.' 할 때
> 어디에 감사하는 것인가요?
> 농사짓는 사람들의 많은 일손을 거쳐
> 내게 이른 것이고
> 해와 바람, 흙과 물이 있어서
> 곡식이 익은 것이니
> 전체가 같이 하고 같이 먹는 것이라
> 전체에 감사하는 것입니다.
> 그러니 밥을 먹을 때
> 내가 '감사합니다.'라고 하면
> 전체가 그 감사를 받는 것입니다.

스님께서는 모든 것에 늘 감사하라고 말씀하셨어.
그런데 도대체 누구에게, 왜 감사해야 하는 걸까?
우리가 먹는 쌀이며 반찬이며 모두 제값을 주고 샀으니
딱히 감사할 일은 아닌 것 같고,
바깥에 나가면 햇빛은 매일 내리쬐고 바람은 저절로 불고 있지.
그런데 왜 그 햇빛에, 바람에까지 감사해야 하지?
이런 당연한 일들에 감사하라고 하신 이유가 뭘까?

모든 것은 더불어 살아가기 때문이야.
내게 돈이 있다고 해서 다른 사람 도움 없이 살아갈 수는 없어.
햇빛의 도움이 없고 물의 도움이 없다면 곧 큰 괴로움 속에 빠질 거야.
그런데 남의 수고를, 좋은 환경을 당연하게만 생각한다면
감사할 일도 없어지겠지?

감사하는 마음은
모든 것을 원만하게 만드는 힘이 있어.
내가 좋은 마음의 에너지를 보낸다는 것을
상대도 알게 되기 때문이야.
그런 의미에서, 새삼스럽지만
"친구야~ 고마워~!"

마음으로 도울 수 있어

> 내가 어릴 적에는 일본이 침략을 해서
> 모두들 사는 게 힘들었어요.
> 그때 나는 이런 상상을 많이 했습니다.
> '내가 보이지 않는다면 쌀가마니도 탁 집어가지고
> 못 먹는 이들을 줄 수 있을 텐데….
> 보이지도 않고 무겁게 져 나르지도 않는다면
> 얼마나 많은 사람을 도울 수 있을까.'
> 그때 늘 그렇게 마음으로 생각하다 보니
> 나중에는 현실에서도 그렇게 하게 되었답니다.
> 그러니 이 마음이 얼마나 소중합니까.

스님이 어릴 때는 일본이 우리나라를 침략해서
강제로 모든 걸 뺏어가는 바람에
많은 사람들이 굶주리고 헐벗은 채 추운 겨울을 나야 했어.
스님 집도 마찬가지였어.
그런데 어린 스님은 어둡고 추운 산 속에서
마을의 희미한 불빛을 보며 늘 상상했대.
도깨비 감투를 쓰고 몸이 보이지 않게 해서
이 집 저 집을 다니며 쌀을 나눠주는 상상.
지금 당장 나도 배고프고 추워서 죽겠는데
그 어린 나이에 어떻게 남을 도와주고 싶은 마음이 났을까?

그런데 스님은 상상으로라도 자꾸 그렇게 생각하다 보니까
나중에 어른이 되었을 때는 그것이 현실이 되어
정말 많은 사람들을 도와줄 수 있게 되었다고 말씀하셨어.
내 마음을 내가 어떻게 쓰느냐에 따라
엄청 큰 일도 할 수 있다니, 참 신기하지?

물론 어떤 생각을 계속 한다고 해서 금방 뭐가 달라지지는 않을 거야.
하지만 좋은 생각이든 나쁜 생각이든 반복해서 마음속에 입력한다면
서서히 모든 것이 달라져 가는 걸 느낄 수 있어.
친구들, 그런 자기 마음의 힘을 믿어 줘!

내가 저지른 건 내가 돌려받아요

" 쓰레기를 아무 데나 버리면 땅이 썩고
우리는 썩은 물을 먹게 되고,
그 세균은 버린 사람의 인연을 따라서 쫓아옵니다.
왜냐?
자기가 버렸다는 걸
자기가 알고 있기 때문입니다. "

바닷가에 놀러 간 사람들이 쓰레기를 마구 버려서
해수욕을 하는 어린이들이 피부병에 걸리거나
오염된 모래 때문에 식중독에 걸리는 경우가 많대.

'나만, 우리 식구만 병에 걸리지 않으면 돼.'
'얼마 되지도 않는 양인데 나 하나쯤이야 버려도 상관없겠지.'
이런 생각을 가진 친구들이 있다면 다시 한번 생각해 봤으면 좋겠어.
나는 비록 작은 것 하나를 버릴 뿐이지만
한 사람 한 사람이 모두 그런 마음으로 산다면 세상은 어떻게 될까?
우리가 살아가는 세상은 여러 생명들과 더불어 사는 곳이기 때문에
그 고통과 피해도 같이 겪을 수밖에 없겠지.

스님께서는 자기가 한 일은 누구보다도
자기가 너무나 잘 알기 때문에
언젠가는 내가 그것을 다시 돌려받게 된다고 말씀하셨어.
불교에서는 이런 걸 인과응보라고 해.
좋은 일에는 좋은 결과가 나쁜 일에는 나쁜 결과가 따르는 거지.
쓰레기를 버리는 일에도 당연히 인과응보가 있을 텐데
그동안 너무 쉽게 생각해 왔다는 것을 반성해야겠어.

나도 좋고 남도 좋은 일

> 자기를 이익되게 할 수 있는 사람은
> 남도 이익되게 하고,
> 남을 이익되게 할 수 있는 사람은
> 자기도 이익되게 합니다.
> 이것이 바로 생활의 활용이며
> 부처님 법이 아닐까 생각합니다.

우리 속담에 '사촌이 땅을 사면 배가 아프다'는 말이 있지?
사촌이 땅을 샀는데 축하는 못해줄망정 어찌 내 배가 아프다고 했을까?
그만큼 남이 잘 되는 것을 진심으로 축하해 주는 일이 쉽지 않다는 말이야.
난 그런 적 없다고? 음, 잘 생각해 봐.
내 친구가 나보다 인기가 엄청 많다든가
동생이 성적이 쑥 올라서 엄마 칭찬을 독차지했을 때
진심으로 함께 기뻐해 주기가 쉬웠는지….

불교에서는 남의 기쁨이나 즐거움을 진심으로 함께 기뻐해 주고
칭찬해 주는 마음을 기르는 것을 아주 중요한 수행으로 삼고 있단다.
그만큼 우리가 질투심에 빠지기가 쉽다는 말이겠지?
내가 좋은 성적을 받고 싶다면 친구가 시험을 망치기를 바랄 게 아니라
'친구가 저렇게 열심히 공부하니 나도 열심히 해야겠다.
저 친구가 내게 자극이 돼 주니 고맙구나.' 이렇게 생각을 해 봐.
마음속으로 그렇게 자꾸 생각하다 보면
친구 덕분에 내 성적은 성적대로 잘 나오고,
친구를 시기하거나 질투하는 마음도 어느새 녹아 없어지게 될 거야.
어쩌면 그 친구랑 더 친해지는 좋은 일이 생길지도 모르지.
나도 좋고 남도 좋은 일이 바로 이런 거 아니겠어?^^

모두가 귀합니다

> 사람은 고등동물이면서도
> 앞으로 비가 올 건지
> 태풍이 닥칠 건지 모릅니다.
> 그런데 날아다니는 새들은
> 오히려 그런 걸 미리 알아서 대비를 해요.
> 동물들이나 새들, 아주 조그마한 생물까지도
> 나와 더불어 모두 친구가 되어 줄 수 있는
> 그런 마음을 본래 다 가지고 있으니
> 모두가 귀합니다.

친구들은 개미나 지렁이를 일부러 밟은 적이 있어?

꽃을 재미 삼아 꺾어서 버리거나

잠자리를 잡아서 날개를 찢어 본 적은?

연못에 있는 오리들에게 돌멩이를 던져 본 적은?

꽃도 나비도 강아지도 새들도

모두 살아 있고 생명이 있는 건데

왜 그렇게 괴롭히고 함부로 대했을까.

그건 아마도

'작은 생명체도 나와 마찬가지로 소중하구나' 하는 생각을

해 본 적이 없어서 그랬을 거야.

'모두 귀한 내 친구구나.' 하고 생각해 준다면

평소에는 징그럽다고 생각한 지렁이에게도

'응, 발이 없는데도 꽤 빨리 움직이네? 어서어서 지나가렴.' 하고

길을 틔워 주는 마음이 생겨나게 될 건데 말이야.

'모두 귀하구나'라고 생각해 주는 건

참 좋은 마음인 것 같아.

내 마음은 무슨 계절일까?

> 겨울에는 눈이 하얗게 오고
> 여름에는 비가 억수같이 쏟아지고
> 봄에는 아지랑이가 나릇나릇하고
> 가을에는 산들산들한 바람이 붑니다.
> 우리가 사계절에 이끌려 가는 것이 아니라
> 내가 있기 때문에
> 더불어 같이 돌아가고 있습니다.
> 모든 것이 너무나 싱그럽고 너무나 총명하고
> 너무나 참다운 부처의 모습입니다.

'오늘은 비가 와서 기분이 안 좋아.'
'으, 겨울은 추워서 아무것도 하기 싫어.'
우리가 자주 하는 말이지?
스님께서는 날이 덥든지 춥든지, 바람이 불든지 비가 오든지,
계절이 변하는 것도 항상 자기와 함께 돌아가고 있다고 하셨어.
내가 있기 때문에, 내 마음이 있기 때문에
계절이 변하는 것도 느낄 수 있다니
내 마음이란 게 한층 소중하게 느껴져.

소중한 이 마음을 우리는 어떻게 쓰면 좋을까?
뭔가를 탓하고 싶은 마음이 들 때는 이렇게 한번 생각해 보자.
'오늘 비가 와서 밖에 못 나가는 덕분에 미뤄놨던 일을 하게 돼서 좋은걸?'
'겨울이 춥지 않으면 지구 기온이 이상한 거래.
올 겨울이 추워서 다행이야.' 하고 말이야.
내가 좋은 생각으로 마음을 바꿔봤더니 내 기분도 달라지고,
내 기분이 달라지니 귀찮기만 했던 동생과도 놀아주게 되고,
그러니까 엄마도 좋아하시고….
이게 바로 나도 좋고 남도 좋은 우리 마음의 이야기란다.

내 마음속 금덩어리가 반짝

#마음속보배 #주인공 #참나

#꽃피우다 #위대한마음 #옥수수뿌리

#마음꽃 #별성 #불성 #선장

내가 바로 주인공이야!

> 불교를 믿는다고 하는 것은
> 어느 절을 믿는 것도 아니고
> 어느 스님을 믿는 것도 아닙니다.
> 또, 구원을 받으려고 믿는 것도 아닙니다.
> 못났든 잘났든 '나'를 믿는 것입니다.
> 자기 몸뚱이인 '나'를 믿는 것이 아니라
> 자기 모습을 태어나게 한 근본인
> 자기 주인공을 믿는 것입니다.

영화나 드라마를 보면 주연 배우가 있고 조연 배우가 있지?
우리는 모두 우리가 살아가는 이 세상의 주인공들이야.
나는 잘생기지도 않았고 공부도 잘하지 못하는데
어떻게 보조 출연자가 아니고 주인공이냐고?
왜냐하면 내가 없으면 아무것도 없거든!
아무리 훌륭한 세상이 있다고 해도 내가 없다면
그 세상은 있으나 마나 한 거잖아?
그러니까 세상에서 제일 중요하고 소중한 것은 바로 '나'야.

그런 '나'를 생겨나게 한 에너지를 불교에서는 '불성佛性'이라고 하고
'참마음'이라고도 하고, '주인공' 또는 '참나'라고도 해.
'불교佛敎'할 때 '불佛'자는 부처님을 가리키는 말이면서도
우리 마음속 깊이 있는 에너지인 불성을 뜻해.
누구에게나 부처가 될 수 있는 씨앗이 있어.
누구나 그러한 씨앗을 가지고 있다는 것은
모두가 자기 삶의 주인공이라는 말이기도 해.
다른 생명들도 내 생명처럼 다 소중하고 똑같이 귀하고
함께 연결되어 있다는 가르침을 실천하는 것이
바로 불교야.

내 마음을 빛나게 하려면

> 금을 캐내도 갈고 닦아서
> 빛이 나야만 금 노릇을 하듯이
> 내 마음도 나와 남을 나누지 않고
> '모두 하나구나.' 하고 생각해 줄 때
> 그 마음의 빛이
> 바깥으로도 나가게 됩니다.

스님께서는 우리 마음속에 금처럼 귀한 보배가 있다고 하셨어.
그런데 그걸 갈고 닦아야 빛이 난다는 건 무슨 뜻일까?
누구에게나 불성이라는 마음속 보배가 있지만,
그 보배를 쓰는 것은 자기 '마음대로'야.
어떤 친구는 좋은 일에 마음을 많이 쓰고,
또 어떤 친구는 좋지 않은 일에 마음을 많이 쓸 수도 있겠지?
그래서 사람마다 차이가 생겨나는 걸 거야.

그럼, 내 마음속 보배를 어떻게 하면 좋을까?
스님께선 사람을 차별하지 않고 모두 하나로 보는 마음을 가지면
그 마음에서 금처럼 반짝이는 빛이 난다고 하셨어.
가령 내 이익만 생각하지 않고 남을 위해서도 좋게 생각해 준다면
나도 모르는 내 마음의 빛이 밖으로 새어 나가서
상대방에게 따뜻하고 밝은 에너지가 전달이 된다는 거지.
그게 우리 마음이 가진 힘이야.

내 마음속 보배를 잘 써서 빛나게 할 것인가,
있는지도 모른 채 그냥 둘 것인가 하는 것은
오직 '내가 어떻게 쓸 것인가.' 하는 데 달려 있단다.

마음의 자가 발전소

> 전기 스위치를 올리면
> 집에 불이 다 켜지듯이
> 우리들 마음이 모두 연결돼 있는
> 자가 발전소가
> 각자의 마음속에 다 있습니다.
> 내 마음의 자가 발전소는
> 꺼졌다 켜졌다 하지 않고
> 항상 밝답니다.

스님께서 우리 마음을 금덩어리라고 하시더니
이번에는 자가 발전소라고 하셨어. 이건 또 뭘까?
그건 내 마음 안에 무한한 능력이 본래부터 있기 때문에
발전소라고 하신 거야.
코드를 꽂으면 전기를 끌어다 쓸 수 있는 것처럼
내가 원하는 것을 입력하면 입력한 대로 이루어지는 게
바로 내 마음의 능력이고 힘이야.
하지만 나만 좋게 되려고 한다면
그 욕심의 무게 때문에 잘 이루어지지 않아.
서로서로 이익이 되고 상대방과 내가
다 좋아지는 일이 되도록 마음을 쓰는 게 중요해.
그렇게 입력한 내 마음은 발전소에서 전력을 공급하듯이,
보이지 않는 마음의 전선을 타고 전달이 돼서
일이 잘 돌아가게 한단다.
만약에 그렇게 입력을 했는데도
내가 원하는 대로 되지 않는다면 어떡하냐구?
너무 실망하지 마.
아마 거기에는 내가 미처 생각하지 못한
어떤 중요한 비밀이 숨어 있을 테니까.
'아하, 내가 저걸 가지고 싶어서 과한 욕심을 부렸구나.
그래서 내 뜻대로 되지 않는 거구나.'
이렇게 알아차리게 하는 것이 바로 나를 성장시키는
내 마음 발전소의 힘이야.

운전은 운전수에게 맡겨

"
차를 운전할 때 보면
운전수가 다 알아서 차를 몰고 갑니다.
기름이 안 떨어지게 하고 사고가 나지 않게
조심해서 잘 끌고 다니는 것도 운전수입니다.
그러니까 자기 차는 자기 운전수를
진짜로 믿어야 되겠죠?
차는 바로 내 몸뚱이고
운전수는 내 참마음인 '주인공'을 말합니다.
"

반짝이는 금과 자가 발전소에 이어서 이번에는 운전수에 비유하셨어!

만약에 내 몸이 자동차라면,

그 차를 운전하는 건 내 마음이라는 말씀이지?

그런데 운전수에게 다 맡기라는 건 어떻게 하라는 말씀일까?

사실 우리는 이런저런 생각들을 참 많이 해.

'이건 좋아, 저건 싫어.', '무서운데 어떻게 하지?', '내가 잘할 수 있을까?'

이런 생각과 걱정들이 머릿속에 쉴 새 없이 떠올랐다가 사라져.

그런데 그건 마치 자동차가 혼자 '어떻게 갈까, 잘 갈 수 있을까?' 하고

걱정하는 것과 같은 거야.

자동차가 아무리 걱정을 해도

결국 모든 것은 운전수에게 달린 거잖아?

스님께서 내 참마음인 주인공은 운전수와 같다고 하셨어.

그래서 '나한테는 내 몸뚱이 차를 이끌어가는 진짜 운전수가 있으니까

이런저런 걱정을 모두 운전수에게 맡기면 돼.' 하고 가르쳐 주신 거야.

내가 만약 몸이 약하다면 마음속에 이렇게 입력을 하는 거야.

'주인공, 운전수인 네가 이 몸을 튼튼하게 만들어야 하지 않겠어?'

시험 때문에 불안한 생각이 들면

'불안하지 않게 주인공이 잘 이끌어.' 이렇게 말이야.

뭐든지 생각나는 걸 자꾸 참마음 주인공에게 입력을 하면

내 운전수가 '나'라는 자동차를 편안하게 잘 이끌어 갈 거야.

그게 바로 주인공에게 맡기는 거란다.

멋진 항해를 하고 싶다면

> 내 몸뚱이를 배라고 한다면
> 내 몸에 있는 세포들은
> 그 배의 선장을 따르게 돼 있어요.
> 바로 자기 마음의 선장이죠.
> 그러니까
> 좋게 하든 나쁘게 하든 변화를 시키려면
> 자기 선장에게 맡겨야 합니다.
> 모든 것이
> 자기 마음에 달려 있기 때문입니다.

친구들아, 내가 내 몸의 주인이란 건 잘 알고 있지?
당연히 내가 내 몸의 주인이지 누가 주인이 될 수 있겠어?
그런데 내가 주인이라는 말은
좋은 일도 나쁜 일도 다 나한테 책임이 있다는 거야.
맞는 말이긴 한데 왠지 좀 억울한 생각이 든다고?
잘된 것은 다 자기 탓이고,
잘못되면 다 남의 탓이라고 생각하며 살았다면
좀 억울한 마음이 들 수도 있을 거야.

이번에는 스님께서 내 몸뚱이는 커다란 배이고
내 마음은 그 배의 선장이라 비유하셨어.
내 마음의 선장이 내 몸을 잘 이끌어간다면
선원들도 편안하고 배도 안전하게 잘 항해할 거야.
멋진 항해를 하고 싶다면
마음을 잘 굴려서 선장에게 맡겨 봐.
그 선장이 바로 내 참마음이니까.

어떤 마음이라도

> 자기 주인공이 바로 자기의 에너지입니다.
> 그러니 어떤 생각이 들더라도
> '밝은 마음으로 바꾸어 나가게 하는 것도
> 주인공 바로 너뿐이야.' 하고
> 자꾸 생각을 굴려 놓으세요.

친구들, 해야 할 숙제는 미뤄 두고 뒹굴뒹굴 놀다가
엄마한테 야단 맞고 그런 적 있어?
그럴 때 친구들은 어떤 생각이 들어?
'아, 난 왜 이렇게 게으를까?'
'난 왜 내 일을 책임감 있게 잘 해내지 못할까?'
가끔은 이런 생각도 들겠지?

모든 게 내 생각대로, 내가 원하는 대로 척척 잘 되면 좋겠는데
현실에선 내 마음이 내 마음대로 되지 않을 때가 많아.
그런데 여기서 '나는 의지력이 약하니까 어쩔 수 없어.'라고 짜증만 낸다면
진짜 그렇게밖에 될 수 없을 거야!
왜냐하면 내 생각이 나를 만드니까.

그래서 그런 생각을 먼저 바꾸어야 해.
방법은 엄청 간단해. 마음속으로 생각하는 거지.
'이런 마음을 밝은 마음으로,
튼튼한 마음으로 바꾸는 것도 주인공 너뿐이야.'라고.
이렇게 생각을 바꾸어 놓는다면
지금까지 했던 부정적인 생각들도 달라질 수 있어.
내 주인공이 바로 내 에너지이기 때문이야.

뿌리가 먼저란다

> 우리는 꽃나무가
> 계절에 따라 피었다 져도
> 이듬해 다시 꽃을 피울 힘을
> 그 나무 안에 지니고 있는 줄 알지만
> 우리들에게
> 그와 같은 불성이 있다는 것은
> 잊고 있습니다.
> 먼저 우리 속에 부처를 이룰 수 있는 힘,
> 불성이 있음을 믿어야 합니다.

봄이 되면 파릇파릇한 싹들이 올라오고 꽃도 피어나잖아?

그게 그냥 당연한 일인 줄 알았는데, 어느 순간 참 신기하게 느껴졌어.

마치 죽은 듯이 바싹 마른 나뭇가지에서

어떻게 그렇게 여리고 푸른 싹들이 돋아날 수 있는지!

어쩜 그렇게 환하고 예쁜 꽃들이 피어나는지!

따뜻한 온도, 적당한 물과 햇빛이 함께하면

메마른 겨울 나무라도 틀림없이 잎이 나고 꽃을 피우게 돼.

그런데 우리 속에도 나무들처럼

꽃을 피울 수 있는 능력이 다 갖추어져 있단다.

부처님께서는 모든 생명이 그런 능력을 갖추고 있다고 하셨어.

누구에게나 불성佛性이 있다고 하신 게 바로 그 말씀이야.

내 안에 주인공이라는 불성이 있음을 굳게 믿고

친구들과는 즐겁게, 해야 할 일은 부지런히,

누구를 속이거나 약한 생명을 괴롭히지 않는

그런 마음으로 생활해 나가다 보면

언젠가는 우리도 각자 자기 꽃을 활짝 피우게 될 거야.

그러기 위해서는 내 불성이 있음을 진짜로 믿는 게 먼저란다.

마음의 촛불

> 여러분 마음이 촛불이라면
> 우리 몸은 촛대입니다
> 우리 마음의 촛불은
> 항상 밝게 켜져 있습니다.
> 그런데 마음의 중심이 없으면
> 본래 밝은 불이 있는데도 불구하고
> 깜깜한 데서 사는 것이나 똑같습니다.
> 밝은 촛불을 들고 가듯
> 여러분은 그 마음을 항상
> 떳떳하고 당당하게 가지고
> 나아가기 바랍니다.

전깃불이 없는 곳에서 촛불을 밝히면
어두웠던 주위가 밝아지기도 하지만
마음 한 켠이 따뜻해지는 것 같아.
스님께선 밝은 불이 항상 켜져 있는 것처럼
우리 마음은 본래 그렇게 밝은 거라고,
그런 위대한 마음을 모두 다 가지고 있다고 하셨어.

그런데 우리 마음이 위대하다고 해서
거창하게 생각할 필요는 없어.
사람들에게 친절하게 대답해 주는 마음,
힘든 친구를 도와주고 싶은 마음,
약한 동물을 살펴주는 마음,
그런 마음들이 어두운 곳을 밝힐 수 있는 위대한 마음이야.

우리의 본래 마음은 밝고 따뜻할 뿐 아니라
뛰어난 능력까지도 가지고 있다는 걸
늘 생각하고 늘 믿어 주길 바라.
믿으면 믿는 만큼 드러나는 것이
우리 마음의 능력이니까.

우리의 별성이 등불이 되어

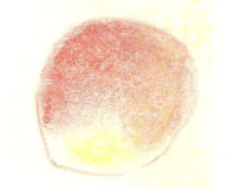

" 우리에겐
별성이 다 하나씩 있습니다.
그 별성은 바로
우리 마음의 등불과 같은 것입니다.
초파일이 되면
마음의 불을 바깥으로 내겁니다.
모든 사람과 미생물까지,
이 세상 모든 것들을 위해서
불을 밝히는 것입니다. "

해마다 봄이 되고 부처님오신날이 다가오면
절이나 거리에서 오색으로 빛나는 연등을 본 적이 있을 거야.
사람들은 부처님오신날을 기념하기 위해 연등을 만들어 불을 밝혀 들고
거리를 행진하기도 하며 기쁨과 축하의 뜻을 전해 왔어.

동그랗고 예쁜 연등은 우리 마음의 빛을 상징적으로 표현한 거래.
우리 모두에게 별처럼 아름다운 마음이 있으니
그 마음의 등불을 잘 밝히고 간직하여
서로서로 도와주면서 지혜롭게 살기를 바라는
아름다운 뜻을 담아서 등으로 만든 거지.

스님께서는 우리 눈에 보이지 않는 마음이지만,
내가 내 마음을 연등처럼 환하게 밝혀 들면
내 주변의 사람들뿐만 아니라 다른 생명들에게까지
그 빛이 전해진다는 말씀을 하셨어.
친구들이 연등을 보게 되면
'내 마음에 저렇게 곱고 밝은 등불이 있다고 하셨지.' 하고
한번 생각해 보는, 아름답고 좋은 봄날을 보내길 바라.

나무가 중심이 딱 서면

" 나무가 중심이 딱 서면

아무리 모진 바람이 들어와도 쓰러지질 않아요.

하다못해 옥수수도 올 한 해

비바람이 무지하게 칠 것을 알고

내가 쓰러지면 안 된다는 생각에

뿌리를 사방으로 뻗더라고요.

자기 스스로 말이에요.

그래서 아무리 비바람이 쳐도

쓰러지지 않게 되는 거지요.

그런 뿌리가 우리에게도 모두 있답니다. "

친구들, 요즘 점점 사건 사고가 많아지는 것 같아.
기후변화 때문에 자연재해도 전 세계적으로 심해지고….
어떤 때는 그런 피해들을 다 해결하기도 전에
또 다른 재해가 닥치기도 해.
이렇게 닥치는 재해들을 이젠 내 일이 아니라고
안심할 수만은 없게 되었어.

언제 닥칠지 모르는 위험한 일들 때문에 겁이 난다고?
하지만 너무 걱정하지 않아도 돼.
바람을 버티기 위해 뿌리를 뻗는 나무의 중심처럼
우리 모두에게도 늘 함께 있는 자기 뿌리가 있으니까.
불안한 생각이 들거나 겁이 날 때마다
내 마음의 뿌리, 주인공에게 이야기를 해.
'내가 어디를 가든 위험하지 않게, 안전하게 이끌어.' 하고.
그렇게 나의 뿌리를 믿고 늘 마음에 입력을 하면
주인공이 훌륭한 보디가드가 되어서 잘 이끌어 줄 거야.
심지어 옥수수도 그렇게 하고 있다잖아?

별이 빛나는 밤에

> 이 세상의 모든 것은 생겨났다 없어지고,
> 일어났다 가라앉고 변합니다.
> 별들도 그렇고 우주 은하계도 그렇습니다.
> 우주를 움직이고 변하게 하는 것도
> 우리가 마음이라 부르는 에너지입니다.
> 우주 별들을 형성시키는 에너지가 바로
> 우리를 형성시킨 에너지입니다.
> 그러니까 내 몸도 작은 별이면서
> 작은 우주입니다.

별이 얼마나 많고, 우주가 얼마나 끝도 없이 넓은데
우리가 바로 그런 별이고 우주라니!
참 신기하고 이상한 이야기 같지 않아?
우주에 수많은 별들이 생겨나고 또 사라지듯이
우리도 태어나서 자라나고 그러다 언젠가는 죽게 될 거야.
그건 누구에게나 적용되는 자연의 법칙이지.
그런데 "죽으면 그만이니까 내 맘대로 살 거야!"라며
함부로 행동하는 사람들도 있어.
하지만 별이 사라지고 또 태어나듯이,
봄이 되면 다시 새싹이 나오듯이,
사람이 죽는다고 해서 그게 끝이 아니란 걸 알아야 해.

우리의 에너지는 별과 같지만 다른 점이 있어.
그건 바로 내 마음에 따라
자기를 끊임없이 발전시켜 나갈 수 있다는 점!
내가 우주의 일부이면서
우주와 같은 존재라는 걸 믿는다면
스스로를 별처럼 반짝이는 영롱한 사람이 되게 할 수 있을 거야.
우리에겐 별처럼 반짝이는 마음이 있으니까!

마음에도 연습이 필요해

#마음거울 #지혜의불 #학교생활

#진짜사랑 #후회막급

#따뜻한말한마디 #하얀거짓말 #덕분에

#친구사귀는법 #내마음의주인

부모님은 1

> 애들을 가르칠 때 자기 소유물로 생각하지 말고,
> 내 자식이라는 게 영원하다고 생각하지도 말고,
> 잘못된 게 있으면 인의롭고 부드럽게 말하고,
> 모든 것은 자기 근본에 맡겨 놓으셔야 합니다.
> 진정한 사랑이라는 것은
> 참 자기를 알 수 있도록 길러주는 것이
> 사랑입니다.

스님께서 부모님들에게 하신 말씀을 읽으니까
'엄마 아빠도 저렇게 끊임없이 노력해야만 하는 거구나.
부모님도 참 힘드시겠다.' 하는 생각이 새삼스럽게 들었어.
무조건 부모님에게 요구만 할 게 아니라
나도 뭔가 노력을 해 봐야 하지 않을까?

'내가 이렇게 말하면 엄마도 화나실 거야. 부드럽게 말해야지.'
'내가 갖고 싶어 하는 물건을 못 사 줄 형편이라면
아빠도 속상하시겠지?
내게 꼭 필요한지 다시 생각해 봐야겠어.'
만약 이렇게 생각할 줄 안다면 많이 성장했다고 봐도 될 거야.

부모님이나 상대방 입장에서 한 번 더 생각을 해 보면
다른 사람 마음을 좀 더 잘 헤아리게 돼서
내 생각만 하면서 지나치게 욕심을 부리는 일은 줄어들 거야.
어쩌면 그런 멋진 내 모습에 부모님이 감동하실지도!

부모님은 2

> 남을 미워하지 않는 마음,
> 그 마음이 제일 중요합니다.
> 잘못하는 사람이 있을 때,
> '예전에 나도 저런 적이 있었지' 하고
> 생각해 주는 그런 마음이라면
> 내 자녀들도
> 다른 데서 나쁜 일을 하지 않을 거고
> 나쁜 일을 당하지도 않을 것입니다.

힘든 일이 있거나 기분이 좋지 않을 때,
친구들은 어떻게 해?
괜히 식구들에게 짜증을 부리고
사소한 일도 크게 만들지는 않는지 궁금해.
그런데 이렇게 짜증이 나는 순간에도
자기의 화나는 마음을 살피고
남에게 좋게 말해 줄 수 있는 사람이 있을까?
그럴 수 있다면 정말 대단한 사람인 것 같아.

사실은 그런 사람이라고 해서 특별히 착하다든가,
특별히 공부를 잘했다든가 그렇지는 않더라고.
다만 그 사람에게는
남을 생각해 주는 마음이 있었던 거야.
'아, 저 사람 마음이 이해가 가.'
'나도 예전에 저런 적이 있었지.' 하고 생각해 주는 마음.
그렇게 남을 헤아려 보는 마음을 가지면
남에게 화낼 일도, 짜증낼 일도,
흔한 다툼들도 줄어들게 될 거야.
싸움에서 이기는 것보다
싸움이 나지 않도록 마음을 쓰는 게 더 지혜로운 거 아닐까?

따뜻한 말 한마디

> 사람은 여름에는 시원한 데로 모이고
> 겨울에는 따뜻한 데로 모이게 됩니다.
> 그렇듯이 우리 마음도 말 한마디를 해도
> 따뜻하게 하는 데로 가게 됩니다.
> 친구도 그렇고
> 부모 자녀 사이도 그렇고
> 부부도 그렇습니다.

친구가 나를 속상하게 할 때, 동생이 미운 생각이 들 때,
엄마한테 서운한 마음이 들 때, 내 마음을 어떻게 해야 할까?
스님께서는 이렇게 말씀하셨어.
"말 한마디를 해도 따뜻하게 해 준다면
상대의 마음까지도 부드럽게 할 수 있습니다."라고.
그런데 막상 내가 화가 났을 때
그 말씀대로 하기는 정말 쉽지 않을 것 같아.
하지만 내가 짜증나고 힘들다고 함부로 말하고 행동한다면
금방 후회할 일이 생길 거야.
아주 잠깐 사이에 후회할 일을 만드느냐,
별일 없이 넘어가느냐 하는 것도 결국은 내 마음에 달려 있어.

그러니 평소에 연습해야 해.
귀찮게 해서 한 대 때려주고 싶은 동생에게,
나를 짜증나게 만드는 친구에게
조금만 더 따뜻하고 부드럽게 말하는 연습을 해 보는 거야.
그러면 가족들도 친구도 한결 부드러워진 나 때문에
즐겁게 생활할 수 있지 않을까?
아, 당장은 나의 노력을 아무도 눈치채지 못할 수도 있어.
그런데 그런 노력이 결국 나한테 좋은 일이 되더라고.
그러니 우리 미리미리 틈틈이 연습해 두자.

친구를 잘 사귀는 비법

> 내가 잘한다고 자랑하지 말고
> 내가 했다고 내세우지 말고
> 남의 말을 듣고
> 곰곰이 생각해서 내 걸로 만들고
> 내가 실천을 하려고 노력하는 것이
> 부처님 가르침을 배우는 것입니다.

새 학년이 되면 다들 이런 고민해 봤을 거야.
'아, 어떻게 해야 새 친구를 잘 사귈 수 있을까?'
친구를 잘 사귀는 비법이 뭘까 곰곰이 생각하다 보니
내가 좋은 친구를 사귀고 싶다면 나 또한 좋은 친구가 돼 주는 것!
이게 바로 비법인 것 같아.

내가 잘한다고 자랑하지 않고,
이걸 내가 다 했다고 내세우지 않고
남이 내게 하는 말을 잘 생각해서
잘못된 점이 있으면 고치려고 해 보고,
좋은 점을 말해주면 감사하게 생각하고….
스님이 일러주신 대로 그렇게 한다면
좋은 친구 되는 건 어렵지 않을 것 같지?

말이 쉽지, 어디 그게 쉬운 일이냐고?
하지만 좋은 친구를 갖기 위해서는
나도 그만큼 노력해야 한다는 걸 잊지 말자고.

마음의 스위치를 눌러요

> 시험을 볼 때 사람들은
> 어디 기도를 드리러 가고 이럽니다.
> 하지만 신神이 있어서
> 대신 시험을 봐줄 수 있는 것이 아닙니다.
> 우리들 마음에 모두 '참나'가 있는데
> 그 참나가 바로 내 몸을 이끌어 가는 것입니다.
> 자기 마음의 스위치를 올려서
> 지혜의 불을 켤 수 있는 것도
> 바로 자기뿐입니다.

시험이라는 말만 들어도 힘든 친구들이 많지?
평소에 실력을 잘 다져 놓으면 시험 때 실수도 덜하고
떨리지도 않겠지만 그게 말처럼 쉬운 일이 아니잖아.
그런데 시험이란 게 우리에게 피할 수 없는 일이라면
매번 불안해 하면서 계속 그렇게 지낼 수는 없지 않을까?

이럴 때는 마음속으로 이렇게 입력을 해 봐.
'공부하기 싫어하는 마음도 내 마음속에서 나온 거니까
편안하게 해 나가는 것도 주인공이 할 수 있어.'라고….
주인공이 참나를 부르는 이름이라고 앞에서 이야기했지?
그렇게 평소에 마음속으로 자주 입력한다면
뜻밖의 결과를 만날 수 있을 거야.

시험 칠 때 두렵지 않게 하는 것도,
지혜로운 사람이 되게 하는 것도,
책임감이 생기게 하는 것도,
친구들과 따뜻하게 잘 지내는 것도,
마음속으로 부지런히 입력해 놓은 사람만이
그렇게 될 수 있다는 사실을 꼭 기억해 줘.

지혜가 자라느라 생기는 일

> 우리는 모두 커 가느라고
> 싸우기도 하고 그럽니다.
> 그런데 그걸 '나쁘다.', '싸움이다.'
> 이렇게만 생각하지는 마세요.
> 싸우면서 상대방을 납득하기도 하고
> 지혜를 얻기도 하면서
> 자라는 거니까요.

만약 친구와 자주 싸우는 편이라면
'혹시 내가 너무 내 생각만 맞다고 우기는 건 아닐까.' 하고
한번 생각해 봐.
사람은 누구나 자기에게 유리한 상황을 좋아하기 때문에
친구도 내 생각대로 따라주길 바라게 되지.
그런데 친구와 다투는 일이 자꾸 생겨난다면?
내가 좋다고 생각한 일이
친구에게는 좋은 일이 아니었던 거겠지.

내가 하고 싶은 대로 했지만 결국 친구와 다투게 됐다면
그걸 좋은 일이라 할 수 있을까?
내게 기분 나쁜 일이었지만,
덕분에 다시 그런 실수를 안 하게 됐다면
그걸 나쁜 일이라고 할 수 있을까?

어떤 일이든지 간에
그 안에는 항상 배울 점이 숨겨져 있다는 걸
알아주었으면 해.

은혜를 생각하는 날

> 내가 여러분에게 마음의 꽃을 피우라 했는데
> 꽃을 마음이라 표현했지만,
> 그 꽃을 피우는 것은 바로 불성입니다.
> 누구에게나 불성이 있다는 것을 일러주신
> 부처님의 탄신을 우리가 축하하듯이
> 초파일은 자기를 낳아주신 부모의 은혜를
> 생각하는 날이기도 합니다.

음력 4월 8일을 부처님오신날,
초파일이라고 하는데
친구들은 알고 있니?
공휴일인 줄은 알고 있다고?
그렇게라도 아니까 다행이야.

부처님께서는 세상에 귀하지 않은 존재가 하나도 없다는
소중한 가르침을 주신 분이야.
또 부처님께서는 세상 모든 생명들이 부처가 될 수 있기에
모두가 귀하다 하셨어.
그래서 우리는 매년 부처님오신날을 기념하고 축하하는 거야.
그런데 스님께서는 부처님 탄신만 기념하는 것이 아니라
우리를 낳아주신 부모님 은혜도 생각해야 한다고 하셨어.
소중한 생명인 우리를 태어나게 해 주셨으니
똑같이 감사하게 생각해야 한다는 말씀이지.

친구들, 새 봄에는 부모님 은혜도 한번 생각해 보고
이 세상에 나온 자기의 소중함도 생각해 보는
멋진 봄날을 맞이하기 바라.

거짓말을 해도 될까?

> 딴 사람은 속일 수 있어도
> 자기가 자기를 속일 수는 없지요.
> 남을 도와주기 위해서 거짓말을 하는 것은
> 지혜이지 거짓말이 아닙니다.
> 자기가 거울 들여다보듯 하는 것이
> 자기 양심이니까
> 그 마음을 따뜻하게 가지고
> 평등하게 쓰세요.

한 초등학교 친구가 있었어.
친구들하고 밤늦게까지 놀고 싶어서 부모님께 거짓말을 했는데,
나중에 들켜서 엄청 혼이 났대.
그때 '아, 좀 더 거짓말을 잘 했으면 완벽하게 속일 수 있었는데….'
하는 생각이 들더래.
그래서 그 다음에는 더 열심히 이런저런 말을 꾸며대서
부모님을 감쪽같이 속이고 친구 집에서 신나게 놀았어.
하지만 부모님을 속였다는 생각 때문에 늘 조마조마하고
마음이 계속 불편했다고 해.

자기 즐거움이나 이익을 위해서 거짓말을 하는지 어떤지
자기 양심은 그걸 너무 잘 알고 있어.
마찬가지로, 누군가가 상처받지 않도록
어쩔 수 없이 거짓말을 해야만 할 때도 자기가 제일 잘 알지.
스스로 당당한 일인지 아닌지 생각해 보면 알 수 있어.
내 마음의 주인은 나니까
이왕이면 당당한 내가 되자.

마음이 전화기라면

> 마음이 전화기라면
> 내게도 전화기가 있고
> 친구에게도 전화기가 있습니다.
> 에너지가 가는 줄도 모르게
> 그쪽으로 가서 전화가 울리는 것이
> 우리 마음의 통신입니다.
> 말로 따지기 전에
> 마음의 통신을 먼저 보내세요.

"어? 내가 말도 안 했는데 엄마가 어떻게 아시고 이걸 사 오셨지?
엄마랑 나랑 마음이 통했네!" 하고 기분이 좋을 때가 있어.
그런가 하면 친구한테 섭섭한 일이 있어서
'다음부터 같이 놀지 말아야지.' 생각했는데, 친구가 먼저 사과하는 바람에
서운한 마음이 온데간데 없어지는 경우도 있지.

마음이란 건 참 이상해.
난 아무 말도 하지 않았는데 남이 내 마음을 알아차리기도 하고,
아까는 마구 화가 났는데 지금은 아무렇지도 않으니까 말이야.
그런 요상한 마음은 어디서 생겨나서 어디로 사라지는 것일까?

마음은 보이지 않지만 참 강력한 힘을 가지고 있어.
그래서 겉으로 보기에는 잘 안 될 것 같은 일도
마음속으로 '잘 해결이 되면 좋겠어.' 하고
열심히 생각하는 것만으로도 결과가 달라질 수 있어!
그런데 '나만 잘되면 좋겠어!' 하고 열심히 생각한다면 그건
욕심을 자꾸 키워가는 일이라 좋지 않은 결과가 나올 수도 있어.

싸운 뒤 마음을 풀지 못한 친구가 있다면 마음의 전화를 먼저 걸어 봐.
친구도 나도 기분이 좋아지는 그런 일이 생길 거야.
그게 우리 마음의 능력이야.

남의 마음을 알아주는 사람

> 나보다는 남의 입장에 서서
> 남의 마음을 알아줄 수 있는
> 그런 말과 행동을 하고
> 그런 마음을 가진 사람이라면
> 모두가 귀하게 보며
> 이 세상 천지가
> 다 귀하게 볼 것입니다.

우리에게 친구만큼 중요한 건 없을 거야.

그런데 좋은 친구를 어떻게 하면 알아볼 수 있을까?

좋은 친구란 어떤 친구일까?

공부도 잘하고 말도 잘하지만 남을 배려할 줄 모른다면,

힘이 약한 친구를 무시하는 말과 행동을 한다면,

그런 친구는 별로 좋은 친구가 아닐 것 같아.

그런데 그건 나에게도 해당되는 말이겠지?

나 또한 누군가에게 좋은 친구가 되려면

남에게 양보할 줄 아는 마음도 있어야 할 테고,

친구들에게 따뜻하게 말하고 행동할 수 있어야 할 거야.

물론 거칠게 말하고 거칠게 행동하는 친구 중에도

좋은 친구가 있을 수 있어.

"쟤는 거칠지만 마음은 그렇지 않아." 하고

본래 마음을 알 수 있는 경우도 있지만

남의 마음을 알아차리기가 그리 쉽지만은 않더라고.

아무튼 좋은 친구를 만든다는 건

서로 노력해야 하는 일인 게 분명해.

이런 마음이 필요해

> 남에게 보시*할 수 있는 마음
> 화목하게 할 수 있는 마음
> 또는 남을 위해서 일할 수 있는 마음
> 내 것이 있으면 남하고 같이
> 나누어 쓸 수 있는 마음
> 나누어 먹을 수 있는 마음
> 이러한 마음이 필요합니다.

* 보시 : 다른 사람에게 조건 없이 베푸는 것

혹시 엄마가 좋아하는 음식이 뭔지 친구는 알고 있니?
엄마는 우리가 좋아하는 걸 너무나 잘 아시지만,
막상 우리는 엄마가 뭘 좋아하시는지 모르는 경우가 많아.
엄마는 늘 우리를 먼저 챙기시니까
부모는 당연히 그렇게 해야 하는 사람이라고만 생각했거든.
그러다 보니 항상 내 것만 중요하게 생각하고
다른 사람의 마음을 생각해 본 일은 별로 없었던 것 같아.

우리 친구들은
내 생각, 내 물건, 내 기분만 중요하게 생각하지 않고
다른 사람의 마음이나 형편도 생각해 보는
그런 사람이 되면 좋겠어.
받는 것만 당연하게 여기지 말고
내가 줄 수 있는 게 뭔지 생각해 보는 거야.
꼭 돈이나 물건만이 아니어도 남에게 줄 수 있는 게 있어.
돈 들지 않는 마음이라면 얼마든지 퍼 줄 수 있을 것 같은데….
친구들 생각은 어때?

나도 그런 적이 있었지

" 우리가 좀 부족한 사람한테는
'왜 저렇게 할까?' 하고 생각될 때가 있죠.
그런데 '나도 저렇게 부족했던 적이 있었지!'
그렇게 생각을 해 준다면
화가 나지 않고
부드럽게 말이 나가고
부드러운 행동이 나갈 것입니다. "

친구라는 건 처음 사귈 때도 어렵지만
그 관계를 잘 유지해 가는 것도 참 어려운 것 같아.
친구라고 해서 무조건 내 말을 들어줘야 한다거나
내가 하고 싶은 것만 고집한다거나 그러면
진짜 마음을 터놓는 친구가 되긴 어려울거야.

만약 친한 친구가 어느 날 마음 상할 말을 한다거나
이기적인 행동으로 나를 어이없게 만든다면 어떻게 해야 할까?
말로써 잘못을 따지는 것도 한 방법이겠지만
'아, 나도 남에게 상처를 준 적이 있었지.
저 친구도 자기 잘못을 알아차리면 좋겠다.' 하고
마음속으로 생각해 주면 어떨까?

그렇게 자꾸 생각을 해 주면 놀랍게도
친구에게 화가 났던 마음이 가라앉고
생각보다 부드러운 말이 나오게 된단다.
친구의 모습을 내 모습처럼 보는 것.
그게 바로 싸움을 하지 않고도 친구를 달라지게 하는
'마음의 비법'이야.

속상한 건 주인공에 맡기고

> 사람들은 자기가 있어서 살아가는 줄 알지만
> 사실은 참나인 주인공이
> 자기를 리드해 가고 있습니다.
> 그러니 속이 상하는 건 자기 주인공에 맡기시고
> 말로는 상대방에게 좋게 얘기를 하세요.
> 그러면 자기 주인공이
> 그 마음들을 모두 조절해서 화목하게 만듭니다.
> 참나가 바로 자기의 주인공입니다.

뭔가 속상한 일이 생겼을 때 어떻게 하지?
막 화를 낸다고 해서 그 일이 해결될 것 같진 않고
싸움을 하자니 좀 그렇고,
참고 있자니 속에서는 화가 부글부글 치밀어 오르고….
그런 일이 가끔 있지? 뭐, 자주 있다고?

그럴 때는 어떻게 하느냐.
첫째는 자기 주인공을 부른다. 어디서? 내 마음속에서.
어떻게? 마음속으로 "주인공아" 해도 되고 "OO야" 하고 자기 이름을 불러도 돼.
주인공이라는 것도 참나라는 것도 다 자기를 부르는 이름이거든.
둘째는 속상한 마음을 주인공에게 맡긴다. 어떻게?
'주인공, 네가 이런 마음이 나오게 했으니까
이 속상한 마음을 해결하는 것도 네가 해.'
하고 마음속에 입력하는 거야.
그러고 나서 어떻게 되는지 가만히 지켜보면
뭔가가 달라지는 것을 느낄 수 있어.
그건 속상한 것을 해결하라고 내 마음에 입력을 해 놨기 때문이야.
정말이냐고?
친구들이 그렇게 마음속으로 해 보면 알 수 있을 거야.

행복한 사람

“ 남이 내게 잘해 줄 것만 생각하지 말고
내가 남에게 줄 수 있는 것을 생각한다면
그건 행복한 사람입니다. ”

예전에 어떤 친구가 있었어.

그 친구는 욕심이 많고 함께 있으면 좀 불편해서

늘 어느 정도 거리를 두고 지냈던 것 같아.

그런데 어느 날 그 친구가 막 뭐라고 하는 거야.

너는 다른 친구들하고는 그렇게 친하게 지내면서

나한테는 왜 그렇게 다정하게 대하지 않느냐고 말이야.

친구들도 그런 항의를 받아 본 적이 있어?

아니면 다른 친구에게 내가 그렇게 항의해 본 적은?

사실 그럴 때는 친구에게 따지기 전에

내가 그 친구에게 어떻게 대했는지를 돌아보는 것이 먼저라고 생각해.

상대방이 내게 얼마나 잘 했는지 하는 것보다

내가 어떻게 했는지 생각해 볼 수 있다면

그 사람이 진짜 행복한 사람이라고 스님께서도 말씀하셨잖아.

만약 주위에 나를 서운하게 하는 그런 친구가 있다면

내가 어떻게 말하고 행동했는지 먼저 생각해 보자.

그러다 보면 나에게도 친구에게도 좋은 일이 생길 거라 생각해.

선하게 행동하지 않는다면

> 마음과 마음이 서로를 안을 때,
> 그것은 참 즐겁고 여간 좋은 일이 아닙니다.
> 마음이 그렇게 될 때는
> '밉고 곱고'
> '너는 잘못하고 잘하고'
> 이것을 따지지 않습니다.
> 사람이 부처가 될 수 있는 가능성을
> 99% 가지고 있다 하더라도
> 선하게 행하지 않는다면
> 중생을 벗어나지 못합니다.

'어른들은 잘 지키지도 않으면서
우리한테는 왜 맨날 착하게만 살라고 하지?
정말 맘에 안 들어.'
친구들 모두 한 번쯤은 이런 생각을 해 봤을 것 같아.
그런데 만약 아이들이 제멋대로 약한 친구를 괴롭히고
다른 사람들에게 피해를 주는 나쁜 행동을 하는데도
어른들이 상관하지 않고 가만히 놔 둔다면
과연 이 세상은 어떻게 될까?
우리가 사는 세상은 나 혼자 사는 것이 아니기 때문에
선하게 행동을 하는 것은 참 중요한 일이야.

큰스님께서는 "여러분, 착한 일만 하고 사세요."라고 말씀하신 적은 없어.
"나쁘게 하는 것도 내 마음에서 나오는 것이고
착하게 하는 것도 내 마음에서 나오는 것이니
좋은 일은 감사하게 생각하고, 나쁜 일은 나쁘게 되지 않도록
마음으로 잘 굴려 놓으세요."라고 늘 말씀하셨지.
우리가 모두 부처님의 성품을 가지고 있다 하더라도
선한 마음으로 선한 행동을 하지 않는다면
부처가 되는 것은 아주 어려운 일이라고 하셨거든.
우리는 모두 고귀한 존재라는 것을 잊지 마.

세 번째 선택지가 생겼어

> 모든 생물들은 미생물에서부터
> 진화돼서 왔습니다.
> 진화를 시키는 에너지는
> 누구나 다 똑같이 가지고 있습니다.
> 그러니 풀 한 포기도 지렁이 한 마리도
> 하찮게 보거나 업신여기지 마세요.

좋은 일이 있다고 해서 항상 즐거운 것도 아니고,
슬픈 일이 있다고 해서 계속 슬프기만 한 것도 아닌 것 같아.
그렇다면 그게 좋은 걸까, 안 좋은 걸까?
친구들아, 그럴 때는 말야
좋은 일과 안 좋은 일을 자꾸 구분하기보다는
좋은 일은 '참 감사하다.'라고 생각해 주고
좋지 않은 일은 '잘 해결되면 좋겠다.'라고 생각해 주면 좋겠어.
그러다 보면 좋은 일 덕분에 새삼 고마움을 느끼게 되고
좋지 않은 일 덕분에는 뭔가를 배우게 되더라고.

그러니 좋은 일이든 안 좋은 일이든
두 가지 다 결국은 내게 좋은 일이 되는 거야.
이런 게 진화가 아닐까? 내 마음의 진화!
예전에는 '좋다, 싫다' 이 두 가지 생각밖에 못했는데
이젠 '덕분에'라는 세 번째 선택지가 생긴 거지.
'덕분에 배웠어.', '덕분에 감사해.'
무슨 일이든 늘 이렇게 생각하고 감사할 수 있다면
우리는 정말 멋지게 진화를 하고 있는 거야!

위대한 사람

> 누구나 부처님을 보고는
> 절할 수 있지만
> 보잘것없는 사람을 보고도
> 절하는 그런 사람의
> 겸손함, 위대함,
> 나는 그것을 보고 공부합니다.

저 작은 생쥐의 말에
귀를 기울이다니…

누구나 존경할 만한 사람을 우러러보는 것은 어려운 일이 아니지만,
아무도 눈여겨보지 않는 사람을 진심으로 존중하고
그로부터 무언가를 배운다는 것은 쉬운 일은 아닌 것 같아.
생각해 보니 공부도 잘 못하고 말도 잘하지 못하고
나와 친하지도 않은 친구를 대하는 것과
나보다 공부도 엄청 잘하고 인기도 많은 친구를 대하는
내 모습은 많이 달랐던 것 같아.
미안해 친구야, 그때는 내가 좀 모자랐어.

진짜 위대한 사람은
모든 것을 다 이루고 다 가진 사람이 아니라
아주 작은 것에서도 내가 배울 점을 찾아내며
끊임없이 자기를 돌아볼 줄 아는 사람인 것 같아.
세상 모든 사람으로부터 배우는 사람,
그 사람은 가장 큰 스승일 거야.

마음의 힘 만들기

친구들은 어떤 고민들을 하고 있지?
친구 사귀기, 학교 생활, 공부, 게임···.
이런 것들은 재미있으면서도 참 어려운 숙제일 거야.
친구들이 이 숙제를 어떻게 하면 좋을까?

 #공부하기 #싫은 날 #참아지지 #않는 날
공부를 꼭 해야 하나요?

"어른들은 왜 하기 싫은 공부를
억지로 시키는 걸까.
나는 정말 하기 싫은데
어떻게 해야 하지?"

"공부를 정말 하기 싫은데, 왜 해야 하지?"
친구들, 혹시 이런 고민해 본 적 있어?
친구들이 투덜거리면 어른들은 모두 이렇게 얘기하지.
"그게 다 너를 위해서야."
"이다음에 크면 다 필요한 거니까 힘들어도 참고 하렴."

지금 공부를 해야 한다는 어른들 말이 맞는 것 같기는 한데,
역시 기분은 안 좋아.
모두 나를 위한 거라는 말로도 위로가 안 돼.
정말 어떡해야 할까?

그럴 때 '마음굴리기'를 해 봐. 그게 뭐냐구?
마음속으로 자기가 자기에게 말해주는 거야.
'지금 이게 하기 싫어. 그런데 싫다고 생각하니까 더 괴로워.
이왕 해야 할 일이라면 좀 더 재미있게 느껴졌으면 좋겠어.
너는 그렇게 할 수 있잖아.'라고 스스로에게 입력하는 거지.
그러면 어떻게 되느냐고?
어느 때인가 싫다는 마음이 스르르 사라지는
놀라운 순간을 경험할 수 있을 거야.

 #질투대마왕 #속좁다 #기름칠 시급

질투는 나의 힘?

"나는 질투심이 많아요.
친구가 예쁘게 보여도
예쁘다고 말한 적이 없어요.
아무렇지도 않은 척을 하지요."

질투하는 내가 싫은데도
자동적으로 그런 마음이 생기니 어떡하지?
사실 내 마음을 내 마음대로 한다는 건 정말 어려운 일이야.
내 마음을 내 마음대로 쓰려면
평소에 마음 굴리는 연습을 자주 해야 한다구!
마치 기계에 기름을 칠해 주듯이 말이야.
자주 쓰지 않는 마음은 마치 녹이 슨 것처럼 잘 안 돌아가거든.

속 좁은 생각이 들 때마다
'그렇게 마음을 좁게 쓰지 말고
좀 넓은 마음이 되게 이끌어!' 하고
스스로에게 자꾸 입력을 해 보자.
친구 앞에서 말로 표현하기 힘들 때는
마음속으로 자꾸 연습을 하는 거야.
'예쁜 걸 예쁘다고 말해주지 않는 내가 좀 쪼잔한 것 같아.
내 마음이 좀더 넉넉해지면 좋겠어.' 하고
그렇게 자꾸자꾸 마음에 윤활유를 칠하다 보면
어느새 예쁜 친구 모습을 보고
기쁜 마음으로 칭찬할 수 있게 될 거야.

 #왕고민 #솔직고백 #걱정말고 #표현해

솔직하지 못해서 고민이에요

"요즘 나는
너무 솔직하지 못해서 고민이야.
어떻게 하면
솔직해질 수 있을까?"

친구들에게 솔직하지 못해서 고민했던 적이 있니?
그럴 때 '나는 무엇 때문에 솔직하게 말을 못하는 거지?' 하고 생각해 봐.
'솔직하게 말했다가 친구들과 사이가 멀어질까 봐.'
'괜히 말했다가 속이 좁아 보일까 봐.' 걱정이 돼서
그러는 경우가 많을 거야.

그런 걱정이 들 때는 마음속으로 이렇게 말해 봐.
'친구에게 잘 보이려고 하는 것도 좋지만
말하고 싶은 걸 잘 전달해 주면 더 좋을 것 같아.
너는 그렇게 할 수 있잖아.' 하고 말이야.
생각날 때마다 그렇게 입력을 해 놓는다면
친구가 기분 나빠하지 않게 내 마음을 잘 표현하게 될 거야.

'내가 무엇 때문에 솔직하지 못하지?' 하고 곰곰이 생각해 보고
친구 마음을 다치게 하지 않으면서 자연스럽게 표현할 수 있게
마음속으로 연습을 해 줘.

#미운동생 #때리고 싶다 #어떡하지 #형제의 일상

동생을 자꾸 때려요

"동생이 자꾸 약을 올려서
동생을 때리게 돼요.
안 그러려고 해도 화가 날 때는
저절로 그렇게 돼요."

착하고 좋은 일만 하면 좋겠지만
우리 마음이 항상 그렇지는 못하지?
원래 마음이라는 것은 날씨처럼 늘 변하는 것이라
어떤 한 가지로 정해 놓기란 불가능한 일이야.

나쁜 마음이 들고 나쁜 행동을 했을 때
반성하는 마음을 가지는 건 좋지만
'이 마음은 나쁘니까 버려야 해.' 이렇게 생각하지 않아도 돼.
왜냐하면, 나쁜 것이 나온 곳도 내 마음이고
좋은 것이 나오는 곳도 내 마음이거든.
그러니까 동생 때문에 나쁜 마음이 들더라도 꾹 참지만 말고
'이왕이면 내 마음에서 좋은 생각이 나올 수 있게 이끌어.' 하고
마음을 굴려주는 게 좋아.

그렇게 자꾸자꾸 하다 보면 어느 순간에는
동생이 약을 올려도 이상하게 화가 안 날 거야.
그건 내 마음이 나도 모르게 그만큼 다스려졌기 때문이야.
이게 바로 '마음굴리기'라는 거지.
동생에게 한번 실험해 보면 어떨까?

 #잔소리 #지겨워 #엄마는 #나의매니저

엄마 잔소리가 너무 지겨워요

"엄마 잔소리를 듣고 싶지 않아요.
어떤 때는 자꾸 잔소리를 하시니까
화가 나기도 해요.
그럴 때 저는 어떻게 해야 할까요?"

친구들은 어떤 때 엄마한테서 잔소리를 듣게 될까?
내가 하고 싶은 일이 있는데 지금 못하게 할 때,
내가 알아서 할 건데 믿지 못하고 이렇게저렇게 말씀하실 때?
뭐 그 외에도 많겠지만, 잔소리를 듣는다는 건
어른이든 아이든 누구에게나 피곤한 게 사실이야.

그런데 말이야, 엄마 잔소리가 시작된다 싶을 때
'에휴, 또 잔소리구나.'라고 생각하는 대신에
이렇게 생각을 바꾸어 보는 건 어떨까?
'아, 내가 잊어버릴 뻔했는데 엄마가 알려주시는구나.'
'좀 이따가 하려고 했는데 엄마가 걱정하시니 지금 하자.'
'내가 해야 할 일을 미리 체크해 주시네.' 하고 말이야.
그렇게 생각해 주면 지겨운 잔소리를 하는 엄마가
내 스케줄을 챙겨 주는 충실한 매니저로 보이지 않을까?

모든 일은 내 마음먹기에 따라서 이렇게도 저렇게도 될 수 있으니까
되도록 좋은 쪽으로 생각을 바꾸는 연습을 해 보면 좋겠어.
엄마가 내 매니저로 보일 때까지!

#승부욕 #만렙 #인형뽑기 #게임지옥

승부욕이 강한 친구가 있어요

"내 친구 중에 승부욕이 강해서
게임을 하다 지면
계속 다시 하려는 친구가 있어.
어떡하지?"

한때 인형 뽑기에 열을 올리는 친구들이 많았지?
거의 성공한 것 같았는데 '아차!' 하고 놓쳤을 때의 그 안타까움!
그건 겪어보지 않은 사람은 모를 거야.
처음엔 재미 삼아 했는데 자꾸 실패하니까 왠지 약이 오르기도 하고
오히려 스트레스를 받게 되잖아.
승부욕이 강한 그 친구도 게임에 졌을 때
아마 이렇게 생각했을 거야.
'한 판만 더 하면 이번엔 꼭 이길 것 같아.'
그런데 결과는 또 실패! 아~ 스트레스 쌓여.

내 소중한 시간과 돈을 들여서 스트레스를 받다니, 정말 이상한 일이지?
지금 '어, 이건 내 얘긴데?' 하고 공감하는 친구들이 있다면
이제는 이렇게 생각해 보자.
'게임은 내가 즐겁기 위해서 하는 거잖아.
그러니까 게임을 마칠 때도 즐겁게 마치면 좋겠어.
주인공아, 그렇게 할 수 있잖아.' 하고 말이야.
그건 자기가 자기를 진짜 믿는다는 얘기야.
'난 원래 그렇게 할 수 있는 사람이야.'라고 자신을 믿고
마음속으로 꼭 그렇게 해 보길 바라.

 #욕쟁이 친구들 #요점없음 #마음의 전화 #받아랏

욕하는 친구가 싫어요

"남자애들이 자꾸
애들을 놀리거나 욕을 해요.
그때 기분이 많이 나빠요.
나는 어떻게 해야 할까요?"

친구들이 보내 오는 사연을 보면
다른 친구들이 하는 욕 때문에 기분이 나쁘거나
고민이라고 이야기할 때가 많아.
같이 놀지 않아도 욕이 내 귀에 들리니까 내 기분도 나빠지지?
욕을 하지 말라고 말하기도 힘들고, 그렇다고 모른 척하기도 힘들 거야.

친구야, 그럴 땐 이렇게 한번 해 봐.
내가 그 친구에게 전화를 건다고 생각하는 거야.
전화를 걸면 그 친구가 전화를 받을 거잖아?
그런데 이건 마음으로 거는 '마음의 전화'야.
내가 마음속 전화기를 들어서 그 친구에게 말하는 거야.
'친구야, 네가 험한 욕을 하지 않으면 좋겠어.'
'욕하거나 놀리지 않고도 즐겁게 지낼 수 있으면 좋겠어.'라고.
내가 진심으로 그런 마음을 낸다면
그 친구들도 달라질 수 있어.
왜냐하면 마음의 전화는
상대방이 모르는 사이에 저절로 받게 되거든.
우리들은 마음속에 누구나 다 똑같이
마음의 전화기를 가지고 있으니까
마음으로 내 마음을 전달해 보자.
우리 모두 할 수 있어!

 #스맛폰 #갖고싶다 #조바심 #물욕뿜뿜

핸드폰을 갖고 싶어요

"나는 핸드폰을 갖고 싶은데,
엄마가 핸드폰은 커녕
키즈폰도 안 사 주셔."

갖고 싶은 걸 가질 수 없고, 하고 싶은 걸 마음대로 할 수 없어서
답답하고 속상할 때가 많지?
그런데 그건 어릴 때만 그런 게 아니고, 어른이 되어서도 마찬가지래.
갖고 싶은 것들을 모두 가지면 해소될 것 같지만,
뭔가를 가지고 싶어하는 그 욕구는 한도 끝도 없는 거거든.

그래도 꼭 필요한 것이라면, 그런데 부모님이 사 주지 않는다면
그럴 땐 어떻게 하면 좋을까?
내 손에 들어올 때까지 계속 조르기?
어차피 안 될 일이니까 그냥 가볍게 포기?
둘 다 쉬운 일은 아닐 것 같아.
그렇다고 조바심을 내거나 욕심을 부리는 건 도움이 안 돼.

그럴 때는 마음속으로 이렇게 얘기해 보자.
'이 물건이 내게 정말 필요하다면 생기게 될 거야.'
'내 마음과 엄마 마음이 한마음이 되면 좋겠어.'
자꾸 이렇게 마음을 둥글게 굴리다 보면 내 마음은 편해지고,
정말 꼭 필요한 물건이라면 생기게 될 거야.
좋은 마음을 내야 좋은 일도 생긴다는 걸 꼭 기억해 줘!

#맘에들어 #사고또사요 #쇼핑중독 #습관잡기

갖고 싶은 게 너무 많아요

"필요하지도 않은 것을
자꾸 사는 습관이 있어.
어떡하지?"

내게 꼭 필요한 물건이 아닌데도
마음에 드는 물건을 보면 사고 싶은 적이 있지?
사고 싶은 것과 비슷한 물건을 이미 가지고 있는데도
새로운 걸 손에 넣어야만 직성이 풀리는 친구도 있을 거야.
그런데 그렇게 산 물건은 제대로 쓰지도 않고
결국 버리게 되는 경우가 많은 것 같아.

꼭 필요한 물건이 아닌데도 자꾸 사고 싶을 때는
어떻게 해야 할까?
자, 일단은 그 생각을 손바닥 뒤집듯 바꿔 보는 거야.
'어떻게 하면 필요 없는 물건을 안 살 수 있을까?' 하고
스스로에게 물어보는 거지.

그래도 자꾸 사고 싶은 마음이 들 때는
내 마음의 선장인 주인공을 불러 보자.
'주인공, 사고 싶은 마음도 내 안에서 나온 거니까
그 마음을 조절하는 방법도 내가 가장 잘 알 거야.'
하고 마음에 입력하는 거지.
그렇게 연습하다 보면
습관을 바꾸는 방법도 꼭 찾게 될 거야.

 #학원옮기기 #성적올리기 #잘하고싶은맘
학원을 옮겨야 할까요?

"학원을 여러 군데 다니는데
성적은 늘 보통이에요.
어떻게 해야 성적이 잘 나올까요?
학원을 다른 곳으로 옮길까요?"

친구들이 성적 때문에 걱정을 하고
'더 좋은 방법이 없을까.' 고민하는 모습을 보면
참 진지하고 어른스럽게 느껴져.
그렇게 고민해 본다는 것 자체가
이미 공부를 잘할 수 있는 준비가 되어 있는 거라고 생각해.

공부를 더 잘하고 싶고 발전하고 싶은데 잘 안 된다면
그때도 마음속으로 자꾸 입력시켜 줘.
'수업 시간에 집중할 수 있게 해.'
'대충 흘려듣지 않고 꼼꼼하게 잘 챙기게 해.'
'공부하기 싫어하는 마음을 잘 다스릴 수 있는 것도 너잖아.'
하고 자기 마음에 자꾸 입력시키는 거지.

그렇게 마음굴리기 연습을 하다 보면
집중력도 조금씩 늘어나고
힘들었던 마음도 좀 달라질 거야.
그러고 나서 필요하면 학원을 옮기는 방법도 있겠지.
하지만 그 전에 내 마음의 능력을 써 보는 게 더 중요해.
우리 모두 그런 힘을 갖고 있다는 거, 잊지 말자고.

 #수포자 #젓가락질 #배우듯이 #할수있다

수학이 정말 싫어요

"나는 수학이 정말로 싫다.
친구들이 나한테
답을 좀 알려 주면 좋겠다."

아예 처음부터 수학이 싫었던 걸까,

하다 보니 너무 어려워서 싫어진 걸까?

다른 사람들은 척척 잘하는 것처럼 보이는데

나한테만 어렵게 느껴지는 일이 누구한테나 있어.

그러면 우리는 대부분 '난 그걸 잘 못해.'라고 생각하지.

사실은 별로 해 보지도 않았는데 말이야.

젓가락을 처음 쓸 때도

여러 번 연습을 하고 나서야 겨우 잘 쓰게 되잖아.

젓가락질 하기가 힘들고 어렵다고

남이 대신 해 주길 바라진 않았지?

수학을 꼭 좋아해야 하는 건 아니지만

'난 수학이 정말 싫어.' 하는 마음이 들 때마다

'아니야, 싫다고만 생각하지 말고 그냥 해 보자. 할 수 있을 거야.' 하고

마음을 바꿔 보면 좋겠어.

그리고 자기를 다른 친구들과 비교하지 말고

자기 속도에 맞춰서 천천히 시작해 봐.

잘하는 것과 좋아하는 것이 꼭 같을 순 없지만

좋아하다 보면 잘하게 될 수도 있을 거야.

음, 어디선가 들어 본 것 같다고?

그럼 우리 같이 한번 증명해 볼까?

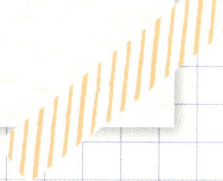

 #리더는어려워 #부반장이 뭐길래 #부담백배

부반장이 되니 부담이 돼요

"나는 우리반 부반장인데 반을
잘 이끌어가지 못하는 것 같아서 고민이야.
더 잘해야 할 것 같은데,
어떻게 하면 좋을까?"

내가 도울 일이 뭐가 있을까?

부반장이니까 우리 반을 잘 이끌어가야 한다는
부담감이 참 크구나.
마치 무거운 배낭을 등에 매고 다니는 것처럼 말이야.

반장이나 부반장이라고 해서
매순간 반 전체를 이끌어야 하는 건 아니야.
각자 다른 성격의 친구들이 한 반에 모여 있으니까
다양한 일들이 벌어질 건 분명한 일이고.
그러니 부반장으로서 반을 이끌어야 한다는 생각보다는
친구들을 돕는다는 생각을 해 보면 어떨까?
'내가 친구들을 좀 더 도울 수 있으면 좋겠다.'
'아직은 뭘 해야 할지 잘 모르지만 하나하나 알게 될 거야.'
이렇게 생각하면서 친구들과 함께 지내다 보면
자연스럽게 부반장 역할을 하고 있는 자기를 보게 될 거야.

아무튼 뭔가를 해야 한다는 '마음의 배낭'을 내려놓고
친구들과 즐겁게 지내는 게 더 좋을 듯해.

#열세살의봄 #중학생 #미리걱정금지 #응원해

중학생이 되는 게 두려워요

"곧 있으면 중학생이 되는데
중학교에 가면 공부가 어려워지거나
친구를 못 사귀게 될까 봐
걱정이 돼요."

새해가 되면 우리 모두 한 살씩 더 먹게 되지?
4학년은 5학년이 되고, 5학년은 6학년이 되는데
초등학교를 졸업하고 중학생이 된다는 건
단순히 나이를 한 살 먹는 것보다 더 큰 일인 것처럼 느껴져.
그래서 어떤 친구들은 고민과 걱정이 많아.
중학교에 가면 과제도 많아지고
왠지 힘들어질 것 같다는 생각이 들어서 말이지.

그런데 말이야, 그건 중학교를 안 가 본 나의 생각일 뿐이야.
지금 생각으로는 힘들고 어렵게 느껴지지만
정작 중학생이 딱 되고 보면 별것 아닐 수도 있거든.
그러니까 미리 걱정하지 말자고.
힘든 일이 닥치면 그때 걱정해도 늦지 않을 거야.
만약 힘든 일이 닥쳤다 하더라도 마음속으로 이렇게 입력을 해 봐.
'좀 힘들지만 이 일이 내게 좋은 경험이 될 거야.'
'좋은 경험이 될 수 있게 이끌어, 주인공!'
그러다 보면 어느 순간에는 내 마음에 입력한 대로
더 단단한 자신을 만나게 될 거야.
그게 바로 내 마음의 힘이거든.
앞으로 더 많은 경험을 하게 될 친구들을 진심으로 응원해!

우리 어린이들이

어릴 때부터 자기 뿌리가 있음을 알고

그 뿌리에 의지해서

지혜롭고 용감하게 살아가길 바랍니다.